BEI GRIN MACHT SICH IHR WISSEN BEZAHLT

- Wir veröffentlichen Ihre Hausarbeit,
  Bachelor- und Masterarbeit

- Ihr eigenes eBook und Buch -
  weltweit in allen wichtigen Shops

- Verdienen Sie an jedem Verkauf

Jetzt bei www.GRIN.com hochladen und kostenlos publizieren

Marius Hummitzsch, Julia Igel

Jean-Jaques Rousseau- Vertragstheorie und demokratischer Beitrag

GRIN Verlag

Bibliografische Information der Deutschen Nationalbibliothek:

Die Deutsche Bibliothek verzeichnet diese Publikation in der Deutschen National-
bibliografie; detaillierte bibliografische Daten sind im Internet über http://dnb.d-
nb.de/ abrufbar.

Impressum:

Copyright © 2010 GRIN Verlag, Open Publishing GmbH
Druck und Bindung: Books on Demand GmbH, Norderstedt Germany
ISBN: 978-3-640-78436-3

Dieses Buch bei GRIN:

http://www.grin.com/de/e-book/163874/jean-jaques-rousseau-vertragstheorie-und-
demokratischer-beitrag

Justus- Liebig- Universität Gießen   SoSe 2010

Fachbereich 03: Sozial- und Kulturwissenschaften

Institut für Politik

Seminar: Demokratie: Theorie und Praxis

Seminarleitung:

Ausarbeitung zum Referat vom 04.05.2010:

Jean-Jaques Rousseau- Vertragstheorie und demokratischer Beitrag

Vorgelegt von:

Julia Igel   Marius Hummitzsch

Gliederung

1 Einleitung

Kurz vor der Französischen Revolution wurde eine heftige Diskussion über die demokratische Beteiligung der Bevölkerung an der Willensbildung geführt. Diese wurde maßgeblich von zwei Krisen bestimmt. Einerseits wurden die sozialen Konflikte in Frankreich zunehmend größer, andererseits hatten die Kolonien im Norden Amerikas die Absicht selbstständig zu werden und sich vom Mutterland England loszulösen.[1] Während die Probleme Englands vor allem transatlantischer Natur waren, handelte es sich bei den Konflikten in Frankreich um innerstaatliche Unstimmigkeiten. Seit Anfang des 18. Jahrhunderts wurden die Kontroversen von gesellschaftlicher und politischer Natur offensichtlich, die sich schließlich in der Revolution im Jahre 1789 entluden. Während der französische Adel auf seinen Privilegien beharrte, verlangte die Bevölkerung zunehmend u.a. nach Strukturen eines Rechtsstaates und der Beseitigung der Zensur. Zentrales Anliegen war jedoch hierbei eine größere Mitbestimmung an den politischen Prozessen. Die Auseinandersetzung zwischen den Lagern verschärfte sich und die Forderungen des Bürgertums wurden zunehmend intensiver.[2] Während Anfang des 18. Jahrhunderts noch die Zuversicht bestand, dass der Konflikt durch reformerische Änderungen zum Nachteil der Aristokraten und der katholischen Kirche gelöst werden könnte, wurde Mitte des Jahrhunderts offensichtlich, dass jegliche Reformen bei Beibehaltung der ständischen Struktur aussichtslos sein würden.

Jean-Jaques Rousseau gilt dabei als einer der bedeutendsten Vordenker der Revolution und als wesentlich für deren geistiges Fundament, selbst wenn er prinzipiell alles andere als ein Revolutionär war.[3] Vor allem sein „Gesellschaftsvertrag" offenbarte sich bereits zu Lebezeiten als bahnbrechend und sollte auch im weiteren Verlauf bis zur Gegenwart eine besondere historischer Nachhaltigkeit[4] zeigen. Daher ist es Aufgabe dieser Arbeit zum einen die inhaltliche Besonderheit seiner Schrift im Bezug auf die Demokratietheorie und Partizipation des Volkes am Willensbildungsprozess darzulegen und zum anderen die Fragen zu beantworten, welche Elemente in heutigen demokratischen Verfassungen wiederzufinden sind oder aus welchen Gründen seine Ideen eventuell verworfen wurden.

---

[1] Vgl. Saage 2005, S.93.
[2] Vgl. Ebd.
[3] Vgl. Sartori 2006, S.309.
[4] Vgl. Saage 2005, S.94.

2 Zur Person Jean- Jaques Rousseaus

2.1 Seine Biografie

Jean-Jaques Rousseau galt als berühmte Persönlichkeit der Aufklärung[5] und war einer der anerkanntesten Schriftsteller und Philosophen des französischen 18. Jahrhunderts.[6] Er wurde 1712 in Genf, der zu jener Zeit kleinsten bestehenden Republik, geboren. Die existierenden Bedingungen dort prägten seine Idealvorstellung einer Gesellschaft. Sie sollte aus wirtschaftlich relativ gleich gestellten Kleinbauern bestehen und als Republik zusammen leben[7]. Rousseau stammte aus einfachen Verhältnissen. Sein Vater war Uhrmacher, seine Familie war vom Calvinismus, der in Genf sehr verbreitet war, geprägt.[8] Zeit seines Lebens kam er nicht in den Genuss einer systematischen Schulbildung. Auch ein Studium absolvierte er nie, jedoch besaß er ein besonderes Talent als Autodidakt, wodurch er seinen Bildungsprozess eigenständig vorantrieb.[9]

Nachdem er einige Jahre vagabundiert hatte, war er als Pädagoge tätig. Er erteilte Haus- und Musikunterricht in adligen Familien. Außerdem gehörte er zum „Kreis der Intellektuellen"[10], den Herausgebern der Enzyklopädie. Daneben war er als Schriftsteller von Romanen zur Erziehung, als Dichter und Komponist tätig.[11] Zwar war Rousseau in der Schweiz geboren, bekannt jedoch wurde er in Paris, „dem damaligen Zentrum der intellektuellen Welt"[12]. Dort wurden seine wichtigsten Schriften veröffentlicht, die einen historisch nachhaltigen Einfluss hatten. Da seine Schrift „Du contrat social" relativ schnell der Zensur zum Opfer fiel und zunächst in Frankreich, später aber auch in Genf verboten wurde, flüchtete Rousseau nach England und danach in sein Heimatland die Schweiz-in eine preußische Enklave. Erst 1770 kam er nach Paris zurück, ehe er 1778 in der Nähe von Paris verstarb.[13]

2.2 Wichtige Schriften

Rousseau verfasste zu Lebzeiten eine Vielzahl an Werken. Auf seine bedeutendsten Schriften möchte ich im Folgenden kurz eingehen.

1750 gewann er bei der „Académie von Dijon" mit seiner Schrift „Discours sur les sciences et les arts" bei einem Wettbewerb den ersten Preis und zog damit das Interesse der Bewanderten

---

[5] Vgl. Massing, Breit 2002, S.121.
[6] Vgl. Schmidt 2008, S.80.
[7] Vgl. Massing, Breit 2002, S.121.
[8] Vgl. Heither, Heither u.a. 2008, S.271.
[9] Vgl. Schmidt 2008, S.80.
[10] Vgl. ebd.
[11] Vgl. ebd.
[12] Schmidt 2008, S.80.
[13] Vgl. Ebd.

auf sich.[14] Er übt darin heftige Kritik an dem neuen Streben von Wissenschaft, Vernunft und Kunst, deren Impulse den Menschen in seinem eigentlich guten Naturzustand verderben. So entwickelt er zum einen die These über den guten Menschen im Naturzustand und zum anderen die These, die einige seiner Werke prägen sollte, nämlich der Behauptung, dass „die Zivilisation […] nicht Fortschritt [bringt], sondern Unheil"[15] erzeugt.

1755 wurde seine Schrift „Discours sur l`origine et les fondements de l´inégalité parmi les hommes" veröffentlicht, die er zu folgender Fragestellung der gleichen Académie verfasste: „Was ist der Ursprung der Ungleichheit unter den Menschen, und wird sie vom Naturrecht erlaubt?"[16]. Er übt darin Kritik an der sich entwickelnden Gesellschaft, die nach Luxus strebe und von Konkurrenzdenken geprägt sei.[17] Deren Ursprung sah er vor allem im aufstrebenden Bürgertum. Schließlich entfaltete er auch in diesem Werk seinen Gedanken, dass es unter anderem durch die Gesellschaft zur sozialen Depravation des Menschen gekommen sei.

1762, auf dem Höhepunkt von Rousseaus Karriere, erschien die Schrift „Du contrat social", übersetzt „Vom Gesellschaftsvertrag oder Grundsätze des Staatsrechts". Die bedeutendsten moralphilosophischen Gedanken hatte Rousseau bereits in den beiden oben genannten Schriften dargelegt.[18] Die Schrift „Du contrat social" wurde unmittelbar verboten und übte einen tiefgreifenden Einfluss auf den politischen Diskurs bis ins 20. Jahrhundert hinein aus.[19] Er diskutierte darin das Verhältnis und die Rechte der Einzelnen dem Staat gegenüber sowie umgekehrt die Ansprüche des Kollektivs gegenüber dem Einzelnen. Rousseau entwickelt schließlich seine Vorstellung von der Souveränität des Volkes[20], die im weiteren Verlauf dieser Arbeit noch ausführlich dargelegt werden soll.

3 Ansatz und Theorie

Anders als seine vorangegangene Generation glaubte Rousseau nicht mehr, dass die bestehende Monarchie eine Reform der sozio- politischen Verhältnisse hervorbringen würde, wenngleich er selbst nach einer Lösung innerhalb des monarchischen Systems suchte.[21] In seinem wichtigsten Werk „Du contrat social" beschreibt Rousseau das Herrschaftsproblem folgendermaßen: „Der Mensch ist frei geboren und überall liegt er in Ketten. Mancher hält

---

[14] Vgl. Massing, Breit 2002, S.121.
[15] Schmidt, 2008, S.81.
[16] Heither, Heither u.a. 2008, S.121.
[17] Vgl. Massing, Breit 2002, S.121.
[18] Vgl. Schmidt 2008, S.81.
[19] Vgl. Massing, Breit 2002, S. 121.
[20] Vgl. Heither, Heither u.a. 2008, S.272.
[21] Vgl. Schmidt 2008, S.90 f.

sich für den Herrn der anderen, der dennoch mehr Sklave ist als sie [...]"[22]. Wie es zu dieser Wandlung kam, wisse er nicht. Zu der Legalisierung dieses Zustandes hingegen sagt er Folgendes: Die gesellschaftliche Ordnung sei die Basis aller Rechte. Sie sei jedoch nicht natürlich, sondern auf Verträgen begründet. Am längsten und als einzige aus der Natur entspringende Gesellschaft bestehe die Familie. Aber auch dort bleiben die Kinder nur so lange bei den Eltern, wie sie versorgt werden müssen. Wenn die Kinder selbstständig werden, löst sich die Bindung und beide Parteien werden unabhängig. Der Nachwuchs ist nicht mehr zur Folgsamkeit gegenüber dem Vater verpflichtet, der Vater wird im Gegenzug von der Sorge um die Kinder erleichtert. Leben die Generationen doch weiterhin zusammen, beruht dies auf dem Willen der Beteiligten. Zudem wird das Zusammenleben dann durch Vereinbarungen geregelt. Die eigene Freiheit gehört zu dem Naturzustand des Menschen und ist allen Lebenden gemein.[23] Daher kann das familiäre Zusammenleben als Vorbild der politischen Gesellschaften betrachtet werden. Der Vater steht für das Oberhaupt der Gemeinschaft, die Kinder verkörpern das Volk.[24]

Die Frage nach noch gegenwärtig existierenden legitimierten und sicheren Grundsätzen für das Regieren stellt Rousseau bereits einleitend in seiner Schrift „Du contrat social". Dabei weist er sowohl auf das Problem der Rechtmäßigkeit einer guten Herrschaft, als auch auf das Problem der gemeinschaftlichen Bewahrung des Gemeinwesens und die Sicherstellung des „allgemeine[n] Wohlergehen[s]"[25] hin. Rousseau vertritt die Meinung, dass man als Mitglied einer Gemeinschaft nur jenen Freiheitseinschränkungen folge, denen man zuvor zugestimmt habe. Der Gesellschaftsvertrag versucht eine Lösung für die Diskrepanz anzubieten, wie die Gemeinschaft in einem Staat freiheitlich miteinander leben kann, obwohl das Zusammensein in der Regel Freiheit einschränkt. Die im Gesellschaftsvertrag aufgestellte Doktrin, die auf drei Bausteinen basiert, stellt die Lösung des Problems dar.

Erstens solle jedes Glied der Gemeinschaft alle seine Freiheiten an die Gemeinschaft als Ganzes abgeben. Dadurch erhalte jeder Einzelne diese Freiheit wieder zurück, da alle Bürger in gleichem Maß einer Herrschaft unterworfen seien, aber auch alle in gleichem Anteil an der Macht mitbestimmen.[26]

Die zweite Säule stellt die Souveränität dar, die einzig und allein beim Volk liegen solle. Die Regierenden sind zugleich die Regierten, woher auch der Name der Identitätstheorie kommt. Nur solange die Gewalt beim Volk selbst liege, sei dieses frei. Als Beispiel verweist Rousseau

---

[22] Saage 2005, S.97.
[23] Vgl. Heither, Heither u.a. 2008, S.273.
[24] Vgl. Ebd.
[25] Schmidt 2008, S.82.
[26] Vgl. Schmidt 2008, S.83.

auf England, wo der Einzelne seine Meinung nur bei der Parlamentswahl kundtun könne, die restliche Zeit sei er in seiner Freiheit eingeschränkt. Die Macht solle also nicht an Repräsentanten übertragen werden, sondern einzig dem Volk als Recht vorbehalten bleiben.[27] Damit grenzt er sich stark von Hobbes` Souveränitätslehre ab. Zwar wird bei Hobbes ebenso wie bei Rousseau ein „Entäußerungsvertrag" geschlossen, im Gegensatz zu Rousseau plädiert aber Hobbes dafür, die Gewalt an eine vom Vertrag unabhängige Person zu übertragen.[28] Schließlich lehnt Rousseau im Rahmen der zweiten Säule die Gewaltenteilung ab. Ein Körper, so begründet er metaphorisch, sei auch nicht aus mehreren Teilen zusammengefügt, sondern bestehe als Ganzes. Die Leitung des Staates werde nur unnötig aufgeteilt.[29]

Der dritte Baustein der Lehre im Gesellschaftsvertrag ist die Unterscheidung zwischen dem Gemeinwillen (volonté générale), dem Sonderwillen (volonté particulière) und dem Gesamtwillen (volonté de tous)[30].

Rousseau sieht in seinem Gesellschaftsvertrag den Staat und das Gemeinwesen als Eins und will, indem er das Volk als Souverän einsetzt, die Angelegenheiten des Staats zu den Aufgaben des Volks machen. Dem im Staat herrschenden Gesellschaftsvertrag kann das Individuum durch seine freie Entscheidung über den Wohnort zustimmen oder sich verwehren.[31]

Nachdem wir nun erste Eckpfeiler von Rousseaus prinzipiellen Vorstellungen präsentiert haben, soll im Folgenden der Fokus auf seine theoretische Konzeption gelegt werden, d.h. aufkommende Probleme, die Rousseau selbst erfasst hat, in seinem Sinne aufzulösen.

Eine zentrale Frage muss natürlich lauten, wie der Gemeinwille zu erreichen ist bzw. ab wann er sich zeigt. Die Grundvoraussetzung dabei ist, dass „der Gemeinwille immer auf dem rechten Weg ist und auf das öffentliche Wohl abzielt."[32] Daraus folgt, dass sobald der Gemeinwille erreicht wurde, auch gleichzeitig die Ideallösung für die jeweilige Problematik offenliegt. Dabei geht er von der Vorstellung vieler partikulärer Sonderwillen aus, die je nach Interessen und Status vorhanden sind. Wichtig ist die Annahme, dass in jedem dieser Sonderwillen Teile des Gesamtinteresses sprich letztlich des Gemeinwillens vorhanden sind.[33]

Wenn also der Gesamtwille als Sammelsurium von Sonderwillen zu verstehen ist, wird letztlich aus dem Gesamtwillen genau das herausgefiltert, was schließlich für die Bildung des Gemeinwillens von Nöten ist, sprich alles das, was im alleinigen Interesse der Gemeinschaft

---

[27] Vgl. Frevel 2009, S.37.
[28] Vgl. Massing, Breit 2002, S.122.
[29] Vgl. Frevel 2009, S.37.
[30] Vgl. Schmidt 2008, S.83.
[31] Vgl. Schmidt 2008, S.84.
[32] Schmidt 2008, S.86.
[33] Vgl. Schmidt 2008, S.87.

liegt. So sollen schließlich die egoistischen Interessen ausgesiebt werden.[34] Letztlich zeigt sich der Gemeinwille dann, wenn eine Mehrheit der Bevölkerung einen Entwurf befürwortet. Die dabei nicht berücksichtigten Interessen Einzelner müssen falsch sein, was diese im weiteren Verlauf auch einzusehen haben.[35] Dabei sei die Republik in einem umso besseren Zustand, je stärker die Entscheidung Richtung Einstimmigkeit tendiert.[36] Dass der Prozess und auch die letztgenannte Annahme nicht ganz zweifelsfrei sein können, wird noch Gegenstand zu einem späteren Zeitpunkt sein.

Wie bereits angesprochen verkörpert jeder Bürger nach der Identitätstheorie sowohl ein Mitglied der Gesellschaft, die den Beschlüssen Folge zu leisten hat, als auch einen Teilhaber an der Macht, der an der Gesetzgebung partizipiert. Hierbei muss zunächst allerdings herausgestellt werden, dass der Begriff des Bürgers bei Rousseau nur die männliche Bevölkerung meint, bzw. nur die Männer ab einem bestimmten Alter, die regierungsfähig sind.[37] Es sollen also alle Bürger am Willensbildungsprozess teilhaben. Dabei müssen jedoch notwendige Bedingungen gewährleistet werden, was auch Rousseau durchaus bewusst war und welche er daher selbst formuliert hat. So darf es keine Verbindungen zwischen den Bürgern geben, damit es eine vollkommen individuelle Entscheidung des Einzelnen gibt. Somit sind einerseits Parteien u.Ä. eher ausgeschlossen bzw. müssen in einer so großen Zahl vorhanden sein, dass sich ihr Gewicht reduziert, andererseits wird auch von einem Diskurs vollkommen abgesehen. Neben dieser Bedingung müssen tatsächlich alle (berechtigten) Bürger abstimmen, was einen hohen Sachkenntnisstand bei jedem Bürger voraussetzt. Dazu kommt die alleinige Dominanz des Willens zum Allgemeingut, wodurch egoistische Motive ausgeschalten werden sollen.[38] Neben diesen Bedingungen für den Willensbildungsprozess gibt es zusätzlich allgemeine Voraussetzungen. So kann die Teilhabe aller Bürger nur in einem sehr kleinen Staat bei geringer Bevölkerung gewährleistet werden. Zudem muss eine große Homogenität innerhalb der männlichen Bürgerschaft bestehen und es darf kein Luxus bzw. keine große Diskrepanz zwischen Armen und Reichen geben, damit die reicheren Männer nicht mit Hilfe ihres Geldes Machtmissbrauch betreiben können.[39]

Schon allein diese formulierten Voraussetzungen zeigen, dass Rousseaus Theorie auf Annahmen basiert, die bereits zu dessen Lebzeiten nicht gegeben waren und heute noch weniger vorzufinden sind. An dieser Stelle muss daher konsequenterweise die Frage folgen,

---

[34] Vgl. nach: Massing, Breit 2002, S.121. Eine unserer Meinung nach äußerst gelungene grafische Darstellung dieses Prozesses ausgearbeitet von der Bundeszentrale für politische Bildung findet sich in Frevel 2009, S.39.
[35] Vgl. Schmidt 2008, S.88.
[36] Vgl. Schmidt 2008, S.87.
[37] Vgl. Massing, Breit 2002, S.123.
[38] Vgl. Schmidt 2008, S.87. f.
[39] Vgl. Massing, Breit 2002, S.123. auch: Schmidt 2008, S.90.

wie die Elemente zu bewerten sind und letztlich damit schließen, was die Theorie in verschiedenen Kontexten leisten kann und was nicht. Diese zwei Bereiche werden Diskussionsgegenstand der beiden abschließenden Kapitel sein.

4 Kritische Bemerkungen

Wie bereits mehrfach angedeutet, ist die theoretische Konzeption von Rousseau unserer Meinung nach keinesfalls frei von Zweifeln und Widersprüchen und bleibt in einigen Punkten außerdem zu vage, als dass sie als ein vollständiger Lösungsansatz betrachtet werden kann. Deshalb möchten wir an dieser Stelle systematisch uns offen gebliebene Fragen darstellen und Kritikpunkte, die auch in der Sekundärliteratur auftauchen, nennen und detailliert analysieren und überprüfen.

Surreale Voraussetzungen

Die oben genannten Bedingungen, die bereits Rousseau selbst offenkundig wurden, zeigen sehr schön, inwieweit man Rousseaus Konzeption als ausschließlich theoretische Überlegungen im Ganzen einordnen muss, was aber keinesfalls heißt, dass einzelne Elemente nicht in Staatssystemen oder Verfassungen Berücksichtigung finden können!

So ist Rousseaus „ideale" Republik an die Bedingung geknüpft, dass sie nur über eine sehr kleine Staatsfläche verfügt und damit auch eine geringe Bevölkerung vorweist. Diese Voraussetzung, welche die Republik Genf zur damaligen Zeit im europäischen Raum nahezu exklusiv erfüllte und heutzutage selbst in Stadtstaaten wie Monaco mit einer Bevölkerung von 34000 Menschen[40] gerade unter dem Kriterium der schnellen Versammelbarkeit[41] undenkbar erscheint, bleibt wohl unerfüllbar. Zudem ist eine Homogenisierung der Bürger im Zeitalter der Technisierung und Globalisierung genauso völlig undenkbar wie zu Zeiten von Ständeklauseln und relativ manifesten sozialen Milieus. Dies trifft ebenso auf eine absolute Gleichschaltung der materiellen Ressourcenverteilung zu. Zusammengefasst würde der Ansatz bereits an den unerfüllbaren Voraussetzungen scheitern, doch gilt es an dieser Stelle, auch darüber hinaus nach Schwächen zu suchen.

Begrenzte Teilhabe

Rousseaus Vorstellung vom Bürgerstatus umfasst typisch der damaligen Zeit lediglich die männliche erwachsene Bevölkerung, sodass vor allem Frauen kategorisch von der

---

[40] http://www.auswaertiges-amt.de/diplo/de/Laenderinformationen/01-Laender/Monaco.html. abgerufen am: 27.07.2010.
[41] Vgl. Schmidt 2008, S.88.

Partizipation am politischen Willensbildungsprozess ausgeschlossen werden.[42] Wenn also Rousseaus Grundüberzeugung die ist, dass alle Macht vom Volk in Form einer Direktdemokratie mit extrem starken plebiszitären Elementen ausgeht, so müssen auch die Frauen kategorisch in die Prozesse integriert werden. Andernfalls würde die Konsequenz folgen, nach der die Sonderwillen der Frauen keinerlei Elemente für einen entsprechenden Gemeinwillen liefern können, wenn ihnen- überspitzt ausgedrückt- überhaupt ein Wille zugesprochen wird.

Absolutheit des Gemeinwillens

Besonders kritisch wird auch in der Literatur die Absolutheit des Gemeinwillens bewertet. Nicht nur, dass die Minderheiten einsehen müssen, einem Irrglauben gefolgt zu sein, es geht sogar bis zur zwingenden Unterwerfung unter den Gemeinwillen.[43] Somit wird die Freiheit des Einzelnen, deren Wahrung das eigentliche Ziel der Konzeption darstellt, zu tiefst beschnitten und bietet sogar eine Angriffsfläche für propagandistisch starke Diktaturen.[44] Diese Angriffsfläche ist besonders durch Möglichkeiten bei Minderheitenunterdrückung oder fehlender Gewaltenteilung gegeben.[45]

Wie zeigt sich der Gemeinwille?

Die wahrscheinlich größte Vagheit im Ansatz Rousseaus wird bei der Frage nach dem Gemeinwillen sichtbar. So bleibt die Ungewissheit, wann genau dieser Gemeinwille erkennbar wird und was bzw. wer die Filterfunktion vom Gesamtwillen hin zum Gemeinwillen genau ausübt. Rousseau sieht den Gemeinwillen dann erreicht, wenn sich eine entsprechende Mehrheit bildet und ausschließlich das Wohl der Gemeinschaft im Fokus steht. Doch ist es nicht so, dass immer jemand mal mehr, mal weniger von etwaigen Entscheidungen profitiert? Kann man dabei also von einer Ausschaltung von Sonderinteressen sprechen? Noch fragwürdiger erscheint der Filter an sich. Der Autor macht an dieser Stelle kaum konkrete Aussagen bzw. sind diese nicht konsistent untereinander. Zwar lässt sich der Gemeinwille durch Stimmen-zählen erfassen, jedoch bleibt damit ungeklärt, wie der Charakter dieses Willens erzeugt wird.[46]

Stringente Nicht-Diskursorientierung

---

[42] Vgl. Schmidt 2008, S.93.
[43] Vgl. Schmidt 2008, S.88.
[44] Vgl. Ebd.
[45] Vgl. Frevel 2009, S.41.
[46] Vgl. Sartori 2006, S.308.

„Lange Debatten jedoch, Meinungsverschiedenheiten, Unruhe zeigen das Emporkommen der Sonderinteressen und den Niedergang des Staates an"[47], so bewertet Rousseau die Relevanz von Diskurs im politischen Willensbildungsprozess. Jedoch ist die Ausgeprägtheit von Diskursen kein Kriterium zur Erfassung von politischer Stabilität und vor allem Qualität.[48] Gegenteilig gehört die Diskussion heute zum politischen Alltag und wird als wesentliches Element von demokratischer Entscheidungsfindung akzeptiert. Gerade Habermas schildert sehr intensiv die Bedeutung von Diskurs im politischen Geschehen.[49] Uns erscheint die Abwesenheit von Diskurs sogar als gefährlich, da somit eine oberflächliche Betrachtung der Gegenstände befördert werden kann.

Kein Schutz der Grundrechte

Zudem fehlt in Rousseaus Konzeption auch jegliche Form von individuellen Grundrechten, womit der Einzelne wiederum der staatlichen Politik vollkommen ausgeliefert ist.[50]

Begrenzter Einfluss der Bürger

Auch wenn Rousseau immer wieder auf die starke Souveränität der Bürger eingeht, da diese direkt am politischen Willensbildungsprozess zu beteiligen sind, so kommt ihnen in dem Modell letztlich primär auch nur eine Abstimmungsfunktion zu.[51] Somit besteht auch hier eine große Abhängigkeit von den politischen Institutionen, die es nach Rousseaus eigentlich zu verhindern galt.

Zusammengefasst finden sich also eine Fülle an offenen Fragen, Widersprüchen oder konkreten Schwächen. Die Unvollkommenheit der Theorie wird sicherlich am deutlichsten, anhand der Tatsache, dass Rousseaus realpolitische Hinweise sehr drastisch von seinen theoretischen Implikationen abweichen. Zwar dürfte dies primär auf die eigene Gefährdung durch die provokanten und neuartigen Ideen zurückzuführen sein, doch wird er sich auch den Problemen seines Entwurfs bewusst gewesen sein.

---

[47] Nach: Schmidt 2008, S.89.
[48] Vgl. Schmidt 2008, S.89.
[49] Vgl. vor allem: Habermas 1992, S.370 ff.
[50] Vgl. Schmidt 2008, S.94.
[51] Vgl. Schmidt 2008, S.96.

5   Leistungen der Theoriebildung

Im Laufe der Arbeit wurde hoffentlich ersichtlich, dass es sich bei Rousseaus Konzeption eher um ein theoretisches Modell handelt, als dem Anspruch einer realpolitischen Verwirklichung dienen zu wollen. Aber auch wenn selbst dieses theoretische Modell zweifellos nicht frei von Widersprüchen und grundlegenden Problemen erscheint, so muss man doch die Wirkung- paradoxerweise eben auch im realpolitischen Kontext, als absolut bahnbrechend beschreiben.[52] So lassen sich auch heutzutage noch viele Elemente der Konzeption logischerweise gerade in stärker direktdemokratisch verfassten Staaten wie der Schweiz widerfinden, deren Ursprung nicht zuletzt immer wieder bei Jean-Jaques Rousseau gesucht wird.[53]

Besonders im Bereich der Demokratietheorie, der radikalen Volkssouveränitätstheorie und der Typisierung der Direktdemokratie ist der Beitrag Rousseaus kaum ausreichend zu würdigen. Jedoch herrscht in der Wissenschaft- unserer Meinung nach zu Recht – weitgehend Konsens darüber, dass die Bedeutung von Rousseaus Beitrag in dem Gebieten im Verhältnis zur Qualität seines Entwurfs weitgehend überschätzt wird.[54] Vielmehr gewinnen Rousseaus Ideen gerade durch die immense Rückberufung im Zuge der Französischen Revolution, welche als historische Zäsur zu sehen ist, an unermesslicher Bedeutung, wenngleich die „richtige" Interpretation seines Werkes als äußerst fragwürdig erscheint. Letztlich wurde Rousseau dabei zu jemandem gemacht, der eigentlich gar nicht, um bei der Formulierung von Manfred G. Schmidt zu bleiben: „ [ein] Fürsprecher und Vorkämpfer der Demokratie"[55] war.

---

[52] Vgl. Frevel 2009, S.42.
[53] Vgl. Ebd.
[54] Vgl. Schmidt 2008, S.96. auch: Sartori 2006, S.310.
[55] Vgl. Schmidt 2008, S.91.

6   Literatur

- Frevel, Bernhard (2009): Demokratie. Entwicklung- Gestaltung- Problematisierung. 2. Aufl. Wiesbaden: VS Verlag für Sozialwissenschaften, S.36- 42.

- Jürgen Habermas (1992): Faktizität und Geltung. Beiträge zur Diskurstheorie des Rechts und des demokratischen Rechtsstaates. Frankfurt a.M..: Suhrkamp Verlag.

- Heither, D., Heither, U. u.a. (2008): Politik- Wirtschaft- Gesellschaft. Grundlagentexte für den Unterricht. Sozialwissenschaftliche Studien für die Sekundarstufe II. Braunschweig: Westermann Schroedel Diesterweg, S.272- 275.

- Saage, Richard (2005): Demokratietheorien. Eine Einführung. Wiesbaden: VS Verlag für Sozialwissenschaften, S.93- 101.

- Sartori, Geovanni (2006): Demokratietheorie. Darmstadt: Primus Verlag, S.304-311.

- Schmidt, Manfred G. (2008): Demokratietheorien. Eine Einführung. 4.Aufl. Wiesbaden: VS Verlag für Sozialwissenschaften, S.80- 97.

- Speth, Rudolf (2002): Jean- Jaques Rousseau. In: Massing, Peter; Breit, Gotthard (Hrsg.): Demokratietheorien: Von der Antike bis zur Gegenwart. Texte und Interpretationshilfen. 2. Aufl. Schwalbach/ Ts.: Wochenschau Verlag, S.118- 124.